D1753709

Ingrid Eichstädt

WOLFSBURG
Ereignisreiche Zeiten – Die 60er-Jahre

mit Fotos von Willi Luther

Wartberg Verlag

**In unserer Reihe „Bilder aus Wolfsburg"
sind bisher erschienen:**

(1) Wolfsburg – Die goldenen 50er-Jahre

(2) Wolfsburg – Bilder einer Stadt

(3) Wolfsburg – Ereignisreiche Zeiten – Die 60er-Jahre

1. Auflage 2001
Alle Rechte vorbehalten, auch die des auszugsweisen Nachdrucks
und der fotomechanischen Wiedergabe.
Druck: Werbedruck GmbH Horst Schreckhase, Spangenberg
Buchbinderische Verarbeitung: Büge, Celle
© Wartberg Verlag GmbH & Co. KG
34281 Gudensberg-Gleichen • Im Wiesental 1
Tel. 0 56 03/9 30 50 • www.wartberg-verlag.de
ISBN: 3-86134-840-3

VORWORT

„Eigentlich ging es ja irgendwie immer aufwärts, und zwar auf allen Gebieten", so charakterisierte Hugo Bork, der langjährige Wolfsburger Oberbürgermeister, im Rückblick die Geschichte seiner Stadt in den 50er- und 60er-Jahren. 1963 feierte die „Goldgräberstadt" an der Zonengrenze ihren 25sten Geburtstag und sie konnte dabei zurückblicken auf eine beispiellose Aufbauleistung. Aus der Barackensiedlung zu Kriegsende war in nicht einmal 20 Jahren ein Musterbeispiel moderner Stadtentwicklung und Architektur geworden. Und die 76 000 Wolfsburger waren stolz auf ihre Stadt. Aber schon bald warteten neue Ziele auf die Bewohner der Volkswagenstadt.

Es war eine Zeit, in der schwierige kommunalpolitische Probleme gelöst werden mussten, aber auch eine Zeit, in der dynamische, engagierte Persönlichkeiten die Entwicklung unbürokratisch und mit enormem Tempo vorwärts trieben. Zum Beispiel Peter Koller, der als „Architekturvater" und Stadtbaurat bis 1960 den Grundstein legte zu der modernen, freundlichen und lebenswerten Gartenstadt Wolfsburg. Ihm folgte Rüdiger Recknagel, der sich nicht nur dem Wohnungsbau in den Trabantenstädten Detmerode und Westhagen, sondern auch verstärkt der Citybildung widmete. Oberstadtdirektor Dr. Hesse lagen besonders die Kultur und Einrichtungen für die Jugend am Herzen. Der langjährige Oberbürgermeister Hugo Bork, ein Mann des Ausgleichs, sorgte als Gesamtbetriebsrat von VW gemeinsam mit Werkleiter Nordhoff viele Jahre für Arbeitsfrieden in Wolfsburg. Heinrich Nordhoff war der Motor des Erfolgs bei Volkswagen und der heimliche „König von Wolfsburg". Er sah sich nicht nur für die wirtschaftliche Entwicklung des Automobilkonzerns zuständig, sondern fühlte sich auch für die Arbeitnehmer und das Schicksal der Stadt verantwortlich.

„Als das Gröbste geschafft war und die meisten Mitarbeiter sich in ihren eigenen vier Wänden wohl fühlten, wollten die Menschen ihre Stadt mitgestalten", erinnert sich Hugo Bork. Die Konzentration auf materielle Verbesserungen, die Familie, das häusliche Leben und der Stolz auf das Erreichte standen lange Zeit im Vordergrund. Theater, Kunst und Musik bekamen aber wieder einen größeren Stellenwert, nachdem die Wohlstandsgesellschaft Einzug gehalten hatte. Politik und gesellschaftliche Veränderungen spielten für viele Menschen eine nachgeordnete Rolle. Die Proteste der jungen Menschen gegen diese Lebenseinstellung ließen in Wolfsurg noch etwas auf sich warten. Aber das schon selbstverständlich gewordene Wachstum der 50er und frühen 60er ging in den folgenden Jahren nicht ungebremst weiter.

Der optimistische Fortschrittsglaube erhielt einen Dämpfer, als 1966/67 der Konjunkturmotor in Deutschland zum ersten Mal wieder etwas stotterte und auch Volkwagen nicht verschont blieb. Ein Jahr später starb Heinrich Nordhoff, mit dessen Person der kometenhafte Aufstieg von Werk und Stadt untrennbar verbunden war. Viele Gastarbeiter zogen wieder in ihre Heimatländer, und in Westhagen blieben zum ersten Mal Wohnungen leer. Im Jahr 1968 wurde Wolfsburg 30. Jetzt stand nicht mehr der Wohnungsbau im Mittelpunkt der Aufgaben, wie noch zum 25sten Stadtgeburtstag. „Großstadtplanung" hieß nun der Titel eines Artikels in den Wolfsburger Nachrichten, der die neuen Visionen für die Stadtentwicklung andeutete. Und 1972, nach 35 Jahren, war durch die Eingemeindung aus der kleinen VW-Werksiedlung – nicht viel mehr als einer Barackenansammlung am Mittellandkanal – endlich eine offizielle Großstadt geworden.

Ein aufmerksamer Wegbegleiter dieser aufregenden Entwicklung war der für das Volkswagenwerk arbeitende Fotograf Willi Luther. Über mehrere Jahrzehnte hat er die Entwicklung der Stadt und ihrer Menschen mit der Kamera dokumentiert. Sein geschulter Blick fing das typische Kolorit und die Stimmungen der Zeit ein, von den überall präsenten Kinderwagen oder den italienischen Gastarbeitern bis zu den modernen Hochhaussiedlungen, die in den 60er-Jahren am Nord- und Südrand von Wolfsburg entstanden. Dieser Fotoband zeigt Wolfsburg, wie Willi Luther es gesehen und erlebt hat. Seine technisch, thematisch und künstlerisch beeindruckenden Aufnahmen sind ein wunderbares Zeitdokument und lassen die 60er-Jahre in Wolfsburg für den Betrachter wieder lebendig werden.

Das 1959 errichtete 13-stöckige Verwaltungshochhaus ist die Schaltzentrale des Weltkonzerns Volkswagen. Nach dem Ende des Zweiten Weltkriegs hat sich das 1938 auf der grünen Wiese gegründete Werk mit wohlwollender Unterstützung der britischen Besatzer zum Motor für das deutsche Wirtschaftswunder entwickelt und nur so ein Weiterleben der jungen Stadt Wolfsburg ermöglicht. Das Jahr 1960 begann für den Konzern mit einer einschneidenden Veränderung: Das Unternehmen wurde in eine Aktiengesellschaft umgewandelt. Am 9. Mai 1960 regelte ein Bundesgesetz die Eigentumsverhältnisse neu. Der Bund und das Land Niedersachsen beteiligten sich mit je 20 % am Grundkapital von 600 Millionen DM. Alle übrigen Aktien wurden als „Volksaktien" mit Sozialrabatten an Bürger mit niedrigem Einkommen verkauft. Wegen der großen Nachfrage musste man den Erwerb auf zwei Aktien begrenzen. Auch alle VW-Mitarbeiter wurden Miteigentümer ihres Unternehmens, denn sie bekamen eine Aktie geschenkt und konnten zusätzlich neun Aktien erwerben.

Auf Wolfsburgs Straßen staut sich der Verkehr beim täglichen Schichtwechsel. Stadt und Werk waren seit der Gründung im Jahr 1938 untrennbar verbunden. Als mit Abstand größter Arbeitgeber im weiten Umkreis bestimmte der Rhythmus im Werk das Leben in der Stadt. Nicht nur der Autoverkehr, auch Öffnungszeiten der Geschäfte und Lokale oder andere Ereignisse richteten sich nach den Schichtzeiten. In den Werksferien blieben viele Geschäfte geschlossen, die Bürgersteige „hochgeklappt".

Mit schnellen Schritten streben Tausende von Mitarbeitern des Volkswagenwerks nach der Arbeit durch die Wache heimwärts. Volkswagen hatte im Jahr 1957 31 500 Mitarbeiter. Aber viele von ihnen lebten nicht in Wolfsburg, denn die Stadt konnte immer noch nicht für alle Interessierten genug Wohnungen anbieten. 46.629 Einwohner lebten 1957 in Wolfsburg und die Stadt wuchs in rasantem Tempo weiter. Zwischen 1961 und 1970 erhöhte Wolfsburg seine Einwohnerzahl um 37 %. Niedersächsische Städte derselben Größenordnung wiesen in dieser Periode lediglich eine Wachstumsrate von 5 % auf.

Mitarbeiter des Volkswagenwerks verlassen auf dem Heimweg nach der Arbeit den Tunnel durch den Ausgang, der auf dem Parkplatz in der Verlängerung des Schachtwegs endet. Er ersetzt seit 1966 die Brücke zwischen Werk und Stadt über den Mittellandkanal. Gleichzeitig wurde ein zweiter Tunnel gebaut, der auf dem Parkplatz in der Nähe der Lessingstraße mündet. Beide sind je 10 Meter breit und ihre Sohle befindet sich fünf Meter unterhalb der Kanalsohle. In jedem Tunnel wurden Rolltreppen installiert, um die Höhenunterschiede zu überwinden. Auf die „elegant wirkende Innenausstattung" war man damals besonders stolz. Die glasierten Kacheln an den Wänden und die „sehr schmucke, großfeldige Neonbeleuchtung" wurden in der Presse extra herausgehoben.

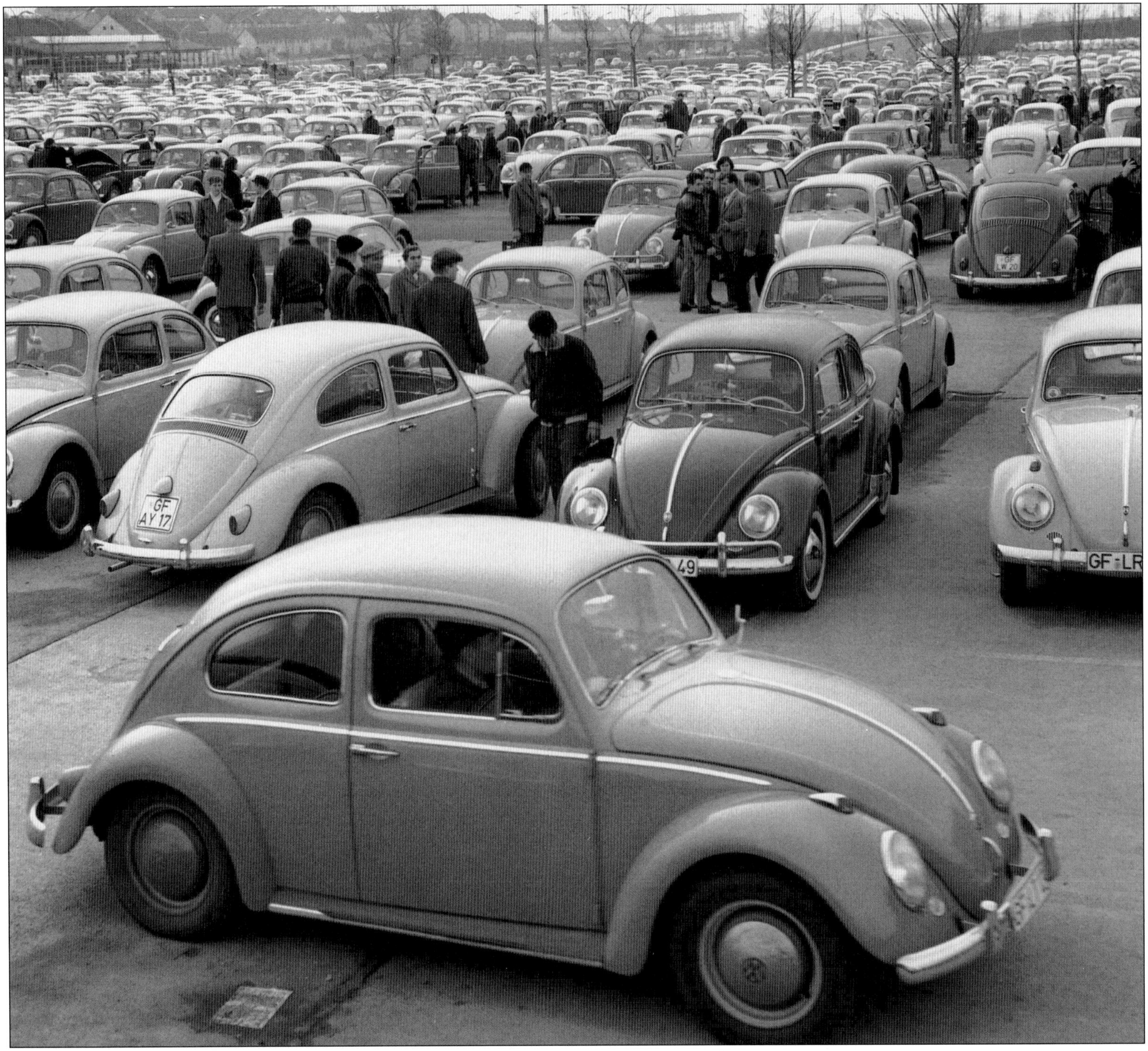
GF
AY 17

Foto links: Alles Käfer! Auf dem großen Parkplatz an der Südseite des VW-Werkes, entlang dem Mittellandkanal, stehen dicht an dicht die Fahrzeuge der Werksmitarbeiter. In Wolfsburg konnten sich viel mehr Menschen als in anderen Städten ein Auto kaufen. Das Werk zahlte seinen Mitarbeitern hohe Löhne und sicherte so schon früh einen vergleichsweise großen Wohlstand. Viele sparsame Wolfsburger konnten sich bald nicht nur ein Auto, sondern auch die ersten Urlaubsreisen, eine neue Wohnzimmereinrichtung oder ein kleines Häuschen leisten. Aber die negative Seite der Abhängigkeit von Volkswagen warf in den 60ern schon ihre Schatten voraus. 1966/67 war das erste leise Donnergrollen der Konjunkturkrise zu spüren. Aber richtig dramatisch wurde es erst während der Ölkrise Mitte der 70er-Jahre.

Foto oben: Professor Heinrich Nordhoff bei seinem letzten Interview 1968. Er war von 1948 bis zu seinem Tod 1968 für die Geschicke des Volkswagenwerks verantwortlich und hat mit seiner charismatischen Persönlichkeit dieser Zeit seinen Stempel aufgedrückt. Für seine Mitarbeiter hatte der Chef des Konzerns immer ein offenes Ohr. Stets betonte er ihren Anteil am Erfolg und erreichte so bei allen eine außergewöhnlich hohe Motivation und Leistungsbereitschaft. Nordhoff engagierte sich aber auch in kulturellen und kommunalpolitischen Fragen. Er initiierte Kunstausstellungen und Konzerte, die Schenkung des VW-Bades für die Stadt und vieles mehr. Sein Nachfolger Kurt Lotz hatte es schwer, die Lücke auszufüllen, die Nordhoff durch seinen Tod hinterließ.

Generaldirektor Nordhoff und Oberbürgermeister Bork, ein bewährtes Gespann, das in den 60er-Jahren die Geschicke von Werk und Stadt leitete. „Ich war genauso lange im Betrieb wie Nordhoff, nur mit versetzten Daten. Der Nordhoff war ja ein konzilianter Mann, der hatte durchaus eine soziale Ader", erinnerte sich Hugo Bork zwanzig Jahre später.
Nordhoff fand in Bork einen gleichwertigen Partner. Das Wolfsburger Urgestein Bork war schon 1939 in die Stadt des KdF-Wagens gekommen und arbeitete seit dieser Zeit im Werk. „Das Jahr meiner größten Belastung war 1962. Ich war schon zehn Jahre lang Betriebsratsvorsitzender gewesen und seit Oktober 1961 dann auch noch Oberbürgermeister. Mein Arbeitstag war mindestens 12 Stunden lang."
Fast 15 Jahre lang gestaltete der engagierte Gewerkschafter die Entwicklung der jungen Stadt Wolfsburg als Oberbürgermeister und blieb immer mit beiden Beinen auf der Erde: „Als ich Oberbürgermeister wurde, wollten die mich hier aus der Mietwohnung raushaben. Aus Repräsentationsgründen, sagten sie. Heute bin ich immer noch hier drin", kommentierte der Wolfsburger Ehrenbürger die Geschehnisse im Rückblick.

In Wolfsburg wird es eng! Auf dem rasanten Weg von der Barackensiedlung zur Großstadt verplant und besiedelt die junge Stadt Wolfsburg immer mehr des knappen Grund und Bodens. Erst 1955 war Wolfsburg mit der so genannten „Erstausstattung" Besitzer des Landes geworden und konnte mit der Stadtplanung und dem Aufbau beginnen. Aber schon Ende der 60er-Jahre stieß die rasant wachsende „Boomtown" erneut an ihre Grenzen.

Foto links: Noch 1966 sind Landwirtschaft und Industrie direkte Nachbarn in Wolfsburg. Aber Werk und Stadt verdrängten die landwirtschaftlichen Betriebe immer mehr aus ihrer angestammten Position. Zwischen 1950 und 1960 sank die Zahl der landwirtschaftlichen Betriebe in den ländlichen, heute zu Wolfsburg gehörenden Gemeinden erheblich. Beispielsweise in Almke von 53 auf 47, in Warmenau von 42 auf 32 und in Reislingen von 49 auf 32 Höfe. Die Konkurrenz des VW-Werkes führte zu steigenden Löhnen und fehlenden Arbeitskräften. Dem begegneten die Landwirte mit einem drastischen Ausbau ihres Maschinenparks, der Siegeszug der Trecker und Mähdrescher war nicht mehr aufzuhalten.

Foto rechts: Das Foto zeigt Schiffe, die über den Mittellandkanal nach Wolfsburg gekommen sind und im Hafen, der sich direkt gegenüber dem Kraftwerk befindet, vor Anker liegen. Nach dem Bau neuer Stadtteile rund um die Innenstadt setzten die Planer 1956 zum Sprung nach Norden über den Kanal an. Dort enstanden die Stadtteile Teichbreite und Tiergartenbreite.

Foto links: Der Bau der neuen Stadtteile bedrängte die alten Ortschaften und landwirtschaftlichen Betriebe immer mehr. Nicht nur die Fachwerkhäuser in Heßlingen, der Keimzelle Wolfsburgs, fielen der Spitzhacke zum Opfer. Auch das Gut Alt-Wolfsburg bekam diese Entwicklung zu spüren. Seit 1943 leitete der Landwirt Gerhard Buhl als Angestellter den Gutsbetrieb. Dieser gehörte damals der Gesellschaft zur Vorbereitung des Volkswagens (Gezuvor). 1955 hat Buhl den Betrieb und das Gut von der Wense in Mörse dann als Pächter übernommen. Dazu gehörten 120 Milchkühe, 400 Stück Großvieh sowie eine große Schweinemästerei in der Nähe der Wache Sandkamp und eine weitere in Alt-Wolfsburg. Die schwarzweißen Landschweine aus Alt-Wolfsburg wurden oft durch den Ort zum Neuen Teich getrieben, der später das Zentrum des Stadtteils Teichbreite bilden sollte.

Foto rechts: In Mörse gehörte eine Schafherde zum Buhl'schen Betrieb. Die Weiden und Sommerställe der Tiere lagen auf dem Klieversberg. Nach 1956 musste Gerhard Buhl die Ackerflächen in Alt-Wolfsburg abgeben, da dort die Stadtteile Tiergartenbreite und Teichbreite entstehen sollten. Es folgten weitere Einschränkungen: Als 1962 die Baracken des so genannten „Italienerdorfes" nahe der Wache Ost gebaut wurden, verlor er das an dieser Stelle gelegene Weideland seiner Milchkühe. Den Planungen für die neue Hochhaussiedlung Detmerode musste der Gutsbetrieb in Mörse weichen. 1963 lief der Pachtvertrag für den Alt-Wolfsburger Betrieb aus und Gerhard Buhl erhielt eine Entschädigung. Seit 1964 stehen nur noch wenige Reste des Gutshofes in Alt-Wolfsburg.

Die Kinder arrangierten sich noch am ehesten mit den engen und provisorischen Lebensverhältnissen in den Barackensiedlungen, wie hier am Hohenstein, die für viele Neu-Wolfsburger zur ersten Station in der Stadt wurden. Der damalige Oberbürgermeister Hugo Bork erinnerte sich: „Die Steigerungsraten dieser Jahre waren ja nicht normal. Jedes Jahr kamen Tausende neu in die Stadt ... die Wohnungssuche vieler Mitarbeiter überlagerte über viele Jahre hinweg alles andere an Nöten und Problemen. Das zog sich bis weit in die Sechzigerjahre hinein."

„Aus der Baracke ins eigene Heim", das ist auch in den 60er-Jahren immer noch das wichtigste Ziel für ganz viele Wolfsburger gewesen. In der Siedlung am Hohenstein hatten die Barackenbewohner ihren Traum von den eigenen vier Wänden immer vor Augen. Eine Bewohnerin vom Hohenstein erinnert sich an den schweren Alltag in den ersten Jahren: „Mein Mann und ich kamen aus dem Sudetenland nach Wolfsburg. Zuerst wohnten wir in einer Schwerbeschädigtenbaracke – etwa dort, wo heute die Arche steht. Mein Mann war beinamputiert. Eigentlich waren in der Baracke nur Männer zugelassen, ich wohnte dort als Frau praktisch schwarz. Später zogen wir zur Untermiete in ein Notquartier in die Gustav-Freytag-Straße. Zusammen mit unserem Kind lebten wir vier Jahre lang auf ganzen 10 Quadratmetern. Am 15. März 1953 bezogen wir unsere 2,5-Zimmer-Wohnung. Endlich in den eigenen vier Wänden!"

Den bescheidenen Wohlstand genießen, das konnten immer mehr Wolfsburger in den 60er Jahren, wie die junge Familie auf dem Foto in der Neubausiedlung am Hohenstein. Die Siedlung wurde zwischen 1953 und 1954 fertig gestellt und zählte zu einem der ersten neuen Baugebiete in der Stadt. Der Architekt Bernhard Reichow hat hier seine Grundsätze des „organischen Städtebaus" verwirklicht. Aber wie bei vielen in der Zeit des Baubooms entstandenen Siedlungen, litten auch die Bewohner der neuen Häuser am Hohenstein noch Jahre lang unter vielfältigen Baumängeln. Die Schäden reichten von Rissen im Fundament bis zu porösen Dachziegeln und nicht funktionsfähigen Schornsteinen. Die Mängelliste der Siedler umfasste schließlich 18 Seiten, und nach zähem Ringen erhielten die betroffenen Bauherren Rückzahlungen in Höhe von 300 bis 1100 DM.

In direkter Nachbarschaft zur Siedlung Hohenstein, zu beiden Seiten der Laagbergstraße, begann ab 1950 der Wohnungsbau im Eiltempo. Neben den Wohnhäusern entstanden bald mehrere Schulen und Kirchen. Ein elegantes Kino, das Viktoria-Theater, öffnete seine Tore. Den Mittelpunkt des neuen Stadtteils aber bildete der Brandenburger Platz. Der regelmäßig durch den Markt belebte Ort wurde geschmückt durch eine Plastik des Wolfsburger Künstlers Peter Szaif. Ringsherum luden Geschäfte und ein Postamt zum Einkaufsbummel ein. Im weiteren Verlauf der Straße befanden sich die Steinbaracken des Auffanglagers am Laagberg. 1960 mussten die soliden Steinbehausungen den Hochhäusern und einer Altensiedlung weichen. Bald gab es in diesem neu entstandenen Baugebiet eine Schule und neue Kirchenbauten, die evangelische Pauluskirche, später die katholische St. Josephskirche. Auch Sportanlagen und ein Freibad mit einer Traglufthalle wurden gebaut.

Foto links: Die Pauluskirche auf dem Laagberg ist wegen ihrer auffallenden Form auch als „segelndes Schiff" bezeichnet worden. Als „Schiffsbauer" zeichnete der Hamburger Architekt Herbert Langmaack für das am 8. Oktober 1960 eröffnete evangelische Gotteshauses verantwortlich. Er war den Wolfsburgern schon bekannt durch die Christuskirche, den ersten evangelischen Kirchenneubau in Wolfsburg, der unter seiner Regie entstand. Am Laagberg schuf Langmaack eine elegante Kirche, die aus einem hohen und schlanken, mit Kupfer beschlagenen Turm und einem elegant geschwungenen Kirchenschiff bestand.

Foto rechts: Der prominente Wolfsburger Architekt Peter Koller hat die katholische St. Josephskirche in herausragender Lage am Hang des Klieversbergs, an der Oppelner Straße errichtet. Koller griff die Ideen des Pfarrers der Gemeinde auf und erstellte den Bau aus Felsengestein „als trutzige Burg Gottes".

Großes Foto: Der Blick vom Hochhaus in der Saarstraße reicht über die Innenstadt mit ihren „Altbauten" aus den Jahren 1938–45, hinüber zum neuen Rathaus, das gemeinsam mit der Christophoruskirche und der Christuskirche die Silhouette der Innenstadt prägt.

Trotz der Bedenken gegen höhere Gebäude in der Innenstadt – damit das neue Rathaus im Stadtbild keine Konkurrenz bekommen solle – entschied sich die Wohnungsgesellschaft Neuland damals für den Hochhausentwurf an der Saarstraße. In der Lokalpresse wurde die Wohnungsgesellschaft noch mit den Worten zitiert: „Dieses Hochhaus soll vielmehr nur dem neuen Stadtteil ... eine besondere Betonung geben und somit ein Einzelfall bleiben." Aber in der Rückschau kann man feststellen, dass sich der Lauf der Zeit trotz gegenteiliger Beteuerungen nicht aufhalten ließ und der neue Bau an der Saarstraße nur den Auftakt bot für einer Reihe weiterer Hochhäuser in Wolfsburg. Das Europahochhaus an der Porschestraße oder das Emmausheim sind nur zwei Beispiele.

Kleines Foto: Wolfsburg will hoch hinaus. Nicht nur symbolisch, sondern auch ganz real zeigen sich jetzt die aufwärts strebenden Pläne der Wolfsburger Stadtbauer. An der Saarstraße, etwas abseits der City, entstand am Fuße des Klieversbergs ein elfstöckiges Hochhaus, das durch ein Café in der obersten Etage eine besonders extravagante Note erhielt. Das von Professor Dieter Oesterlen aus Hannover entworfene, über 40 Meter hohe Gebäude sollte Wohnraum für 200 Menschen bieten – „die Einwohnerschaft eines kleinen Dorfes", wie man damals in der Presse beeindruckt schrieb. Und so entstand ein weiterer Fixpunkt in der Wolfsburger Innenstadt. Das Foto zeigt den Bau kurz vor der Fertigstellung im Jahr 1960.

Ein Blick von der Piazetta die Goethestraße entlang. Zwischen dem Sparkassengebäude auf der linken Seite und dem Kaufhaus Haerder auf der rechten Seite wird der Blick über den dichten Verkehr auf der Porschestraße die Goethestraße entlang gelenkt. Er führt direkt auf das Hochhaus an der Saarstraße. Aus dieser Sicht wird klar erkennbar, dass das Hochhaus wirklich zu einem optischen Schwerpunkt in seinem neu gebauten Stadtteil geworden ist.

Im so genannten „Nassen Dreieck" zwischen der heutigen Heinrich-Nordhoff-Straße und der Saarstraße, in direkter Nachbarschaft zu den großen VW-Parkplätzen, entstand zwischen 1956 und 1957 ein neues, zentral gelegenes Wohngebiet. Die Gebäude wurden nach den Plänen des Berliner Architekten Paul Baumgarten im Geschosswohnungsbau errichtet. Das ideale Erscheinungsbild dieser Siedlung ist aber heute leicht verfälscht durch verkümmerte Freiraumgestaltung und veränderte Details, zum Beispiel durch Balkonverkleidungen oder Wärmedämmung.

Das wild umkämpfte Flugzeug im Baugebiet „Nasses Dreieck" war ein Treffpunkt für die Kinder an der Saarstraße. Jeder neu erbaute Wolfsburger Stadtteil erhielt eine vorbildliche Ausstattung mit Kinderspielplätzen, Kindergärten, Schulen, Kirchen und Einkaufsmöglichkeiten. Dies gilt mit als Grund, warum die Wolfsburger in den 50er- und 60er-Jahren so stolz auf ihre Stadt waren und oft über Jahrzehnte in ihrem Quartier ansässig blieben.

Idyllisch gelegen an den innenstadtnahen Wolfsburger Teichen und umgeben von großen Waldflächen, entstand ab 1956 die vorbildliche Siedlung „Unterm Rabenberg" als eine der fünf so genannten Waldsiedlungen. Die unter Peter Koller als Stadtbaurat entwickelten Wohngebiete sind geschickt mit den Wald- und Wiesenflächen verzahnt und wurden zu einem Vorbild für den westdeutschen Städtebau. Mietwohnungen in mehrgeschossigen Flachdach-Wohnhauszeilen und Hochhäuser bestimmten das Bild am Rabenberg. Die Verwendung von vorgefertigten Serienbetonbauteilen setzte sich in den Waldsiedlungen durch. Mit immer weniger Personal und immer größerem Maschineneinsatz versuchte man den Wohnungsbau noch effizienter zu gestalten, um das enorme Tempo zu erhöhen. Die ersten Mieter der neuen Siedlungen hatten allerdings noch mit einigen Widrigkeiten zu kämpfen. Die WAZ berichtete über einen der ersten Umzüge zum Rabenberg: „Der lehmige Boden brachte die Möbelanfuhr immer wieder zum Stocken, die Wagen standen teilweise Schlange … Die ersten Rabenbergbewohner trugen den Ärger mit Heldenmut und nahmen ein paar erste Schrammen und Schmutzflecken an ihren Möbeln als kleines Unglück im großen Umzugsglück."

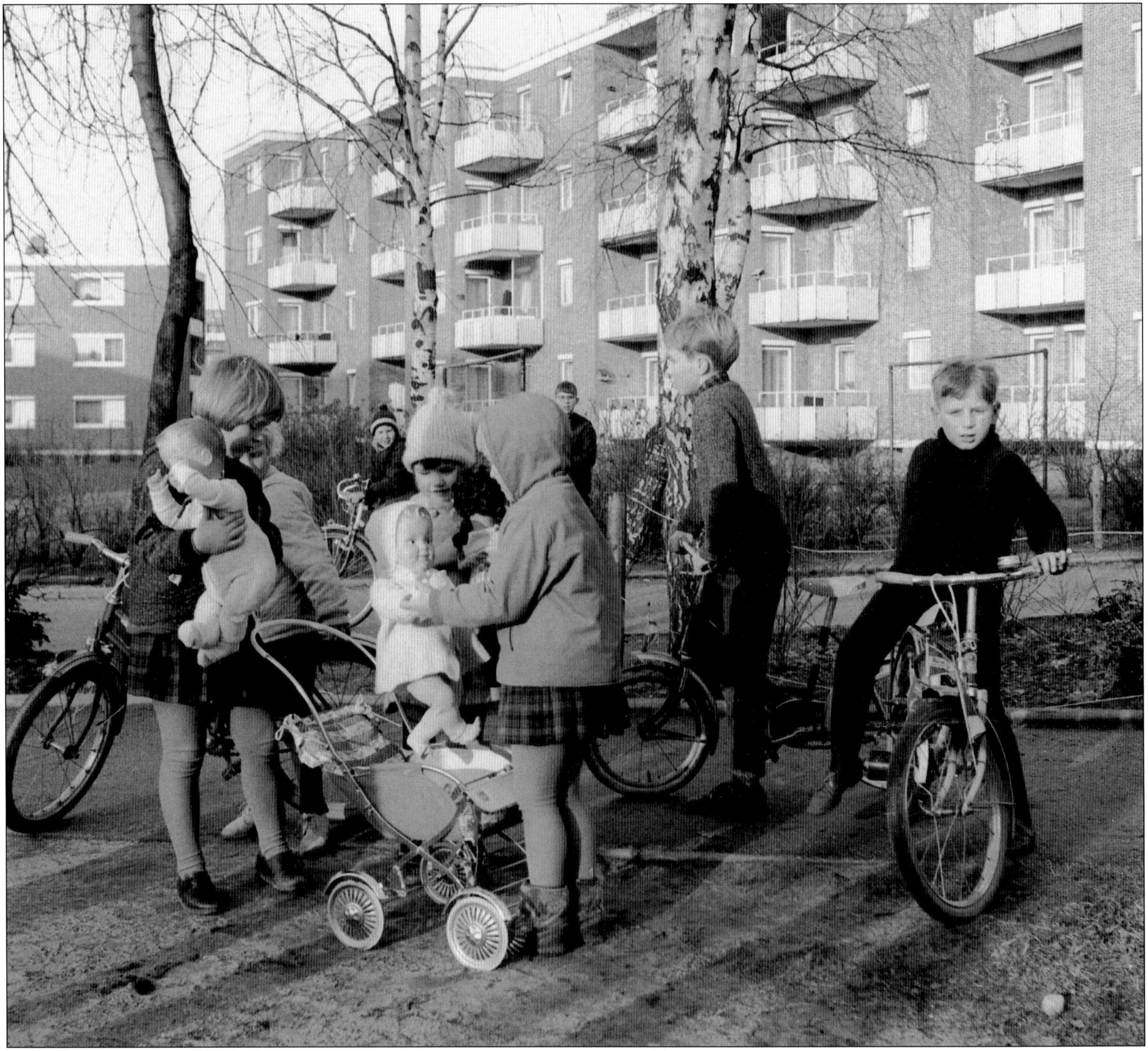

Foto links: Die überschaubaren Stadtteile wie der Rabenberg, mit höchstens 3 000 Einwohnern, einem kleinen Zentrum, wo sich Geschäfte, Schulen, die Kirche und wichtige Versorgungseinrichtungen befanden, vermittelten fast dörflichen Charakter und förderten den Kontakt in der Nachbarschaft. Da hauptsächlich öffentlich geförderte Wohnungen gebaut wurden, hatten nur verheiratete Paare die Chance, eine 2-Zimmer-Wohnung zugewiesen zu bekommen. Fast immer zogen junge Familien in die Wohnungen ein, sodass über die zahlreichen Kinder viele Freundschaften zustande kamen. Die Waldsiedlungen mit ihren Wohnungen waren so beliebt, dass viele Nachbarschaften über Jahrzehnte erhalten blieben. Eine langjährige Mieterin vom Rabenberg berichtet: „Wir waren in unserer Wohnung schon einmal drin, als sie noch im Rohbau war. Wir sind mit einer Leiter hier hochgeklettert, haben unsere Nachbarn bewundert, die gegenüber schon mit Sonnenschirm auf dem Balkon saßen, und haben uns gesagt: ‚Meine Güte, wird das schön, wenn wir hier einziehen!'"

Foto oben: An der Abfahrt von der Braunschweiger Straße zum Stadtteil Rabenberg liegt das Burgwallcenter. Sein Name lehnt sich an die historische Bebauung an, denn ganz in der Nähe befand sich im Mittelalter der Rothehof, eine Burg oder ein Hof der Ritter von Bartensleben, die sich zu Beginn des 14. Jahrhunderts im Wolfsburger Raum festsetzten. 1968 wurde der Richtkranz aufgezogen über dem markanten Gebäudekomplex an der Einfallstraße von Braunschweig in die Wolfsburger Innenstadt. Nach seiner Fertigstellung beherbergte das moderne Gebäude Geschäfte, Büroräume und 281 Wohnungen.

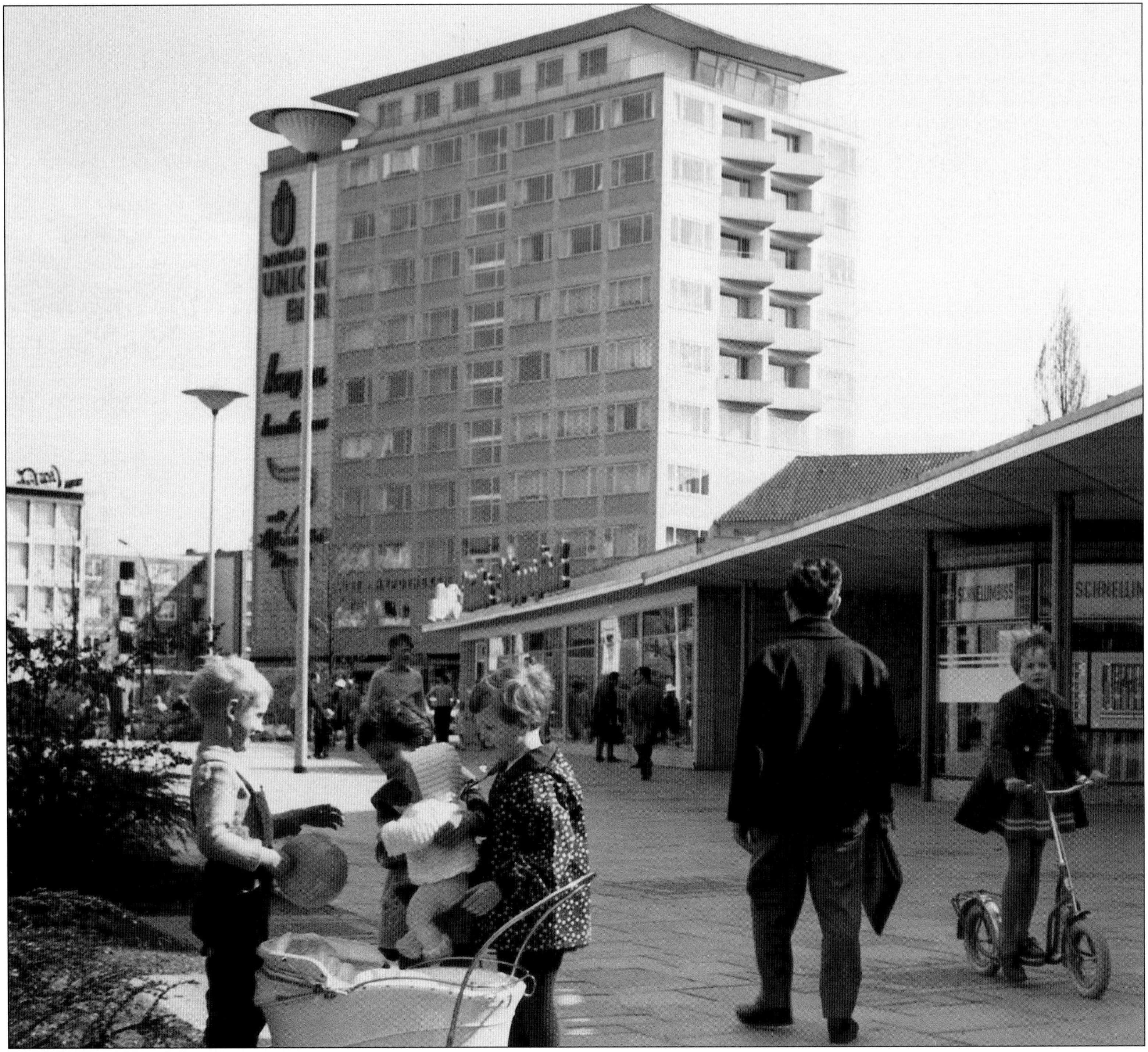
SCHNELLIN

Foto rechts: Etwa zur gleichen Zeit wie das Hochhaus an der Saarstraße entstand am nördlichen Ende der Porschestraße unter Leitung des Architekten Heinrich Senge ein weiterer markanter Sichtpunkt für die Innenstadt. Geplant war ein elfstöckiges Hochhaus mit einem Festsaal für 700 Personen, einer Kegelbahn, einem Pusztakeller mit Bar, 50 Wohnungen und 13 Läden.

Foto links: Das Europahochhaus korrespondierte mit dem neuen Kaufhaus der Hertie-Kette und verlieh der Wolfsburger Haupteinkaufsstraße langsam ein großstädtisches Flair. Beide Häuser bildeten die Fixpunkte der Bahnhofspassage am nördlichen Ende der City.

Auf dem Klieversberg wurde 1951 der Grundstein gelegt zu einer Gedenkstätte und einem Mahnmal für die Vertriebenen, ihre Toten und ihre Heimat. Das am Mahnmal aufgenommene Foto zeigt eine Erinnerungsfeier an den 17. Juni 1953. Damals hatten die Machthaber in Ostberlin die Proteste der Menschen, die für Veränderungen auf die Straße gingen, gewaltsam niederschlagen lassen. Wolfsburg war enger mit dem Schicksal der DDR verbunden als viele andere deutsche Städte. Die Grenze zur sowjetisch besetzten Zone, die sich bald zum Eisernen Vorhang entwickelte, befand sich nur 8 km von der Stadt entfernt. Für viele Flüchtlinge bildete die Autostadt am Mittellandkanal deshalb eine erste Anlaufstelle im Freien Westen und wurde dann oft auch zur zweiten Heimat. Im Jahr 1953 erregte nicht nur der Aufstand in Berlin international Aufsehen. Auch an der nahen Landesgrenze erlebten die Menschen dramatische Veränderungen. Die aus Wolfsburg kommende Bundesstraße B 188 wurde vor Oebisfelde, genauso wie die Straßen der benachbarten Orte Grafhorst, Kaiserwinkel oder Zicherie mit Stacheldraht und neu errichteten Wachtürmen hermetisch abgesperrt. Der Personenverkehr mit der Bahn nach Berlin war über Oebisfelde nicht mehr möglich. Güterverkehr und Schiffsverkehr auf dem Mittellandkanal wurden stark eingeschränkt. Immer wieder erweiterte und überholte man die Sperranlagen, sodass der große Flüchtlingsstrom, wie er vorher über die grüne Grenze möglich war, fast völlig versiegte. Nahezu 40 Jahre sollte es dauern, bis die Grenzanlagen verschwanden und Wolfsburg wieder zu einer Stadt in der Mitte Deutschlands wurde.

Gastarbeiter lernen Deutsch in der Volkshochschule. Schon in der ersten Phase des Wolfsburger Stadtaufbaus ab 1938 haben einige italienische Arbeiter mitgeholfen beim Häuserbau. In den 60er-Jahren begann dagegen die erste große Einwanderungswelle ausländischer Arbeiter nach Deutschland, und Wolfsburg nahm hier eine Vorreiterstellung ein. Die hauptsächlich männlichen Arbeitskräfte wurden von den Unternehmen angeworben, weil in Deutschland zum ersten Mal in der Nachkriegszeit nicht alle offenen Stellen besetzt werden konnten. Durch den Berliner Mauerbau und die Abriegelung der Grenze zur DDR versiegte der Strom von Flüchtlingen und Vertriebenen.

Die ersten Gastarbeiter in Deutschland waren Männer aus Italien. Seit 1961 kamen die jungen Italiener nach Wolfsburg, um im Volkswagenwerk zu arbeiten. In einer besonderen Aktion hatte das Werk in Zusammenarbeit mit dem Vatikan hauptsächlich in den Abruzzen für Wolfsburg Werbung gemacht. Und die Maßnahme zeigte Wirkung: 1962 machten sich 3200 Italiener auf die Reise in den kalten Norden, um in Wolfsburg ihr Brot zu verdienen; 1965 lebten schon 5000 in der Stadt. Innerhalb weniger Jahre entstand in Wolfsburg die größte italienische Ansiedlung nördlich der Alpen. 1970 betrug der Ausländeranteil an der Wolfsburger Bevölkerung 12,1 % und an der Belegschaft 15,1 %. Und 1971 war mit 9161 Personen der Höchststand erreicht.

Italienische Gastarbeiter nach dem Einkauf. Rechts im Bild ist das so genannte „Italienerdorf" zu erkennen. Die erste Siedlung für die italienischen Gastarbeiter entstand 800 m vom Werk entfernt am Mittellandkanal. Dort errichtete Volkswagen in sechsmonatiger Bauzeit eine Holzbarackensiedlung für 6000 Personen, die dort in einfachsten Verhältnissen lebten.

Die Werkssiedlung war von einem hohen Zaun umgeben, wurde außerdem von einem Pförtner kontrolliert und erinnerte sehr an die strenge Männergesellschaft einer Kaserne. Erst ab 1970 besserten sich die Verhältnisse, als in Kästorf eine moderne Hochhaussiedlung mit Post, Kino und anderen Einrichtungen für die italienischen Arbeiter entstand.

Das Betreten der Rasenflächen ist untersagt.

E' vietato calpestare il prato.

Foto links: Die Integration der italienischen Arbeiter war Anfang der 60er-Jahre in Wolfsburg kaum gegeben und die Fluktuation erreichte sehr viel höhere Ausmaße als in anderen Städten. Besonders in den Krisenzeiten Mitte der 60er- und der 70er-Jahre kehrten viele wieder in ihre Heimat zurück. Mit dem Nachzug der Familien änderte sich die Situation allerdings grundlegend, und heute ist Wolfsburg ein positives Beispiel für die Integration der ehemaligen Gastarbeiter in der Stadt. Italienische Mitbürger im Stadtrat oder Institutionen wie die deutsch-italienische Gesamtschule, das Ausländerreferat, das italienische Kulturinstitut, der Treffpunkt „Centro Italiano" und viele Vereine sind nur einige Beispiele, die diese Entwicklung belegen.

Foto oben: Ausflug der Hortkinder an den Schillerteich. In den ersten Jahren nach dem Krieg bestimmten noch überproportional viele allein stehende Männer das Wolfsburger Sozialleben. Bald waren es dann die jungen Familien, die Frauen mit Kinderwagen und die Gruppen spielender Kinder, denen man überall in der Stadt begegnete. Der Bau von Schulen und Kindergärten wurde darum nach dem Wohnungsbau eine der wichtigsten städtischen Aufgaben in den 50er- und 60er- Jahren.

Foto oben: Ausflug der kleinen Bewohner des Wolfsburger Kinderheims. Die Einrichtung lag in einem Gebäudekomplex im Stadtzentrum, direkt neben der Christophoruskirche, der Wirkungsstätte von Monsignore Antonius Holling.

Foto rechts: Kinder, die vom Schicksal härter getroffen waren und keine Eltern mehr hatten, wurden in Wolfsburg fürsorglich betreut. Sie fanden Aufnahme im katholischen Kinderheim. Außer dieser Einrichtung gehörten ein Kindergarten, das Altenheim St. Elisabeth, der Föhrenkrug und das Pfarrhaus zu dem katholischen Zentrum in der Wolfsburger Innenstadt.

35

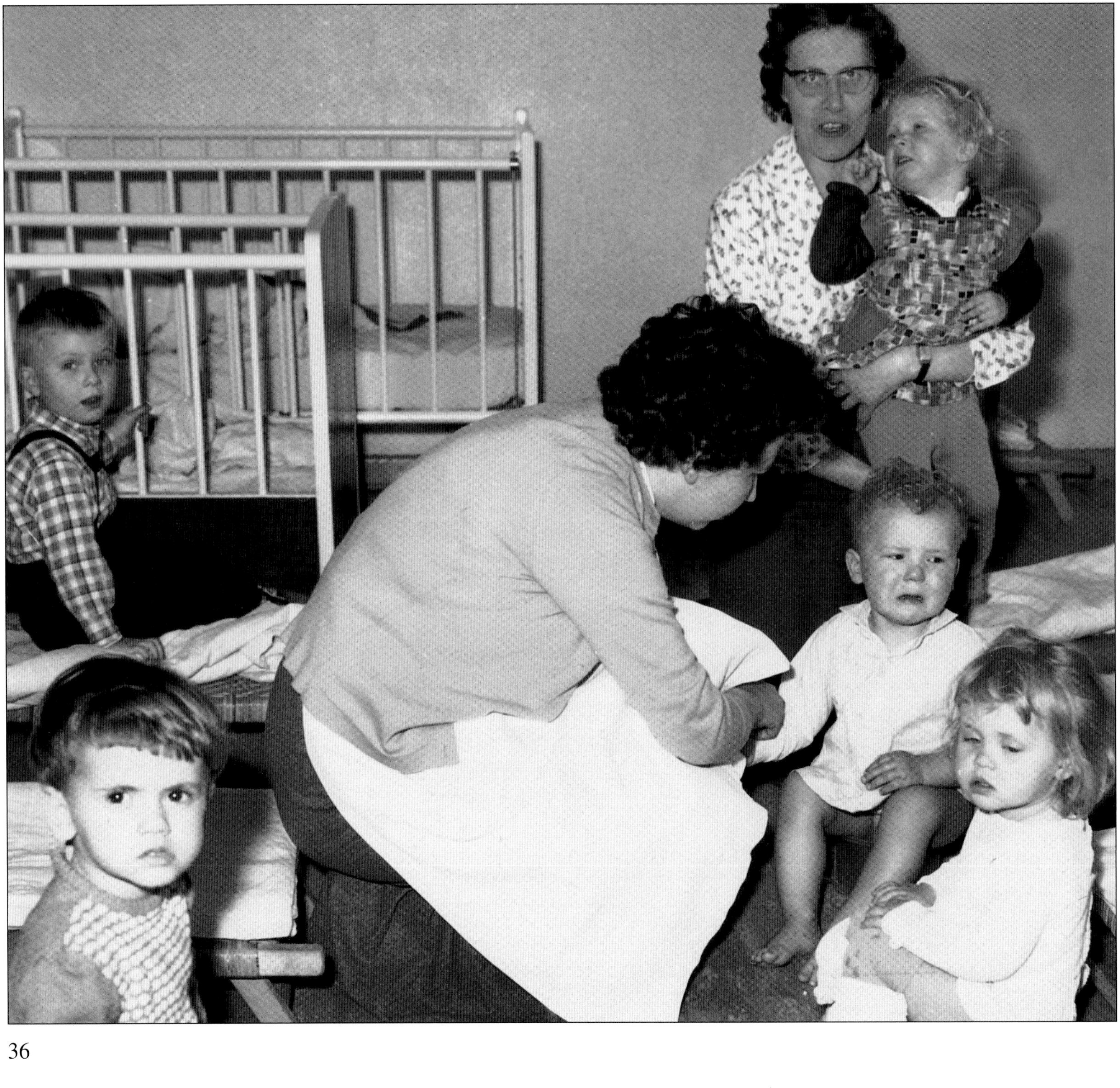

Foto linke Seite: Engagiert und liebevoll kümmerten sich Schwestern und Erzieherinnen um die im katholischen Kinderheim untergebrachten kleinen Mädchen und Jungen.

Foto links: Wolfsburg war in den 60er-Jahren eine junge Stadt, aber die Verantwortlichen sorgten auch für die Alten und Versehrten. Schon 1957 hatte sich die Situation in der Altenpflege wesentlich verbessert, als die Bewohner des Altenheims endlich aus den Baracken an der Reislinger Straße in das von der Inneren Mission errichtete Emmausheim umziehen konnten. Am Steimker Berg, wo vorher die Baracken der Stadtverwaltung angesiedelt waren, ließ die evangelische Kirche ein zweigeschossiges Gebäude mit Einzel- und Doppelzimmern errichten, die um einen ruhigen Innenhof herum gebaut wurden.

Foto oben: Das Foto entstand anläßlich der Eröffnung eines vierstöckigen Erweiterungsbaus des Emmausheims im Jahr 1963. Der unermüdliche Pastor Bammel hatte die Errichtung dieses zusätzlichen Hauses schon bald nach dem Umzug in das neue Heim in die Wege geleitet. Nun konnten insgesamt 285 Menschen untergebracht werden. 1966 startete die letzte Erweiterung. Am Anemonenweg errichtete man ein 50 Meter hohes Gebäude mit einem Seniorencafé in der obersten Etage. Der beeindruckende Ausblick in der Gaststätte „Schau ins Land" fesselt auch heute noch die Besucher.

Schlossblick in der Porschestraße. Lange Zeit achteten die Stadtplaner darauf, dass der Blick auf Wolfsburgs Wahrzeichen, das fast 700 Jahre alte Schloss, nicht verbaut wurde. Aber trotzdem änderte sich eine Menge in der Porschestraße. Anfang der 60er-Jahre sah es noch ziemlich trostlos aus in Wolfsburgs Haupteinkaufsstraße. Vor dem gerade fertig gestellten Rathaus entwickelte sich langsam so etwas wie ein zentraler Platz. Eine ansprechende Atmosphäre, die zum Bummeln oder Kaffeetrinken verlockte, ließ allerdings noch lange auf sich warten. Am Schlossblick hielten die Wolfsburger Stadtplaner fest, bis in den 70ern die Porschestraße zur Fußgängerzone umgebaut wurde.

Der Blick vom Rathausdach auf die Porschestraße zeigt, dass 1964 immer mehr Häuser und Geschäfte die Baulücken füllen. Am 31. Januar 1951 hatte der Stadtrat beschlossen, die Wolfsburger Haupteinkaufsstraße nach Ferdinand Porsche, dem Konstrukteur des Volkswagens, zu benennen. Die Einkaufsmeile als befahrbare vierspurige Straße bestimmte noch lange das Bild der Wolfsburger Innenstadt. Und als die Planungen für eine Fußgängerzone bekannt wurden, gab es durchaus Proteste, denn in der Autostadt sollten die Kunden mit dem Wagen bis vor das Geschäft fahren können.

Das Kaufhaus Haerder in einer Großaufnahme. Die aus Lübeck stammende Firma war 1940 einer der Pioniere unter den Geschäftsleuten in der Stadt des KdF-Wagens gewesen und errichtete 1950 als einer der ersten Anlieger der Einkaufsstraße ein „Kaufhaus im Großstadtstil". 1973 wurde das Haus in Kooperation mit der Neuland Wohnungsgesellschaft dann zum City-Center umgestaltet und erhielt auf dem Dach ein Parkhaus mit zwei Ebenen.

Das Foto zeigt die Westseite der Porschestraße mit Blick in Richtung Süden, zum Klieversberg hin. Zu erkennen sind u. a. die Gebäude der Sparkasse und der Volksbank, die gegenüber dem Rathaus liegen. Ende der 60er-Jahre gab es erste Pläne, das südliche Ende der Porschestraße mit einem großen Gebäudekomplex abzuriegeln. Mit dieser Maßnahme wollte man die Stadt für junge Menschen attraktiver gestalten und den „Kaufkraftabfluss" nach Braunschweig verringern. Der Entwurf der Architektengruppe Brandi sah vor, dass dieses Zentrum voll klimatisiert, künstlich besonnt und von der mitgeplanten Parkgarage aus direkt zu erreichen sei. Es war angedacht, dass die Besucher von dort aus direkt in einen Bürgerpark unterhalb des Klieversberg gelangen, dessen besondere Attraktion eine Seenlandschaft werden sollte. Anfang der 70er-Jahre beschloss der Rat der Stadt dann aber, dem Ausbau der Fußgängerzone Vorrang zu geben, und die Pläne des Bürgerparks mussten anderen Konzepten weichen.

Das Wolfsburg-Panorama hat Willi Luther 1961 von einem der hohen Schornsteine des VW-Kraftwerkes aus aufgenommen. Der linke Teil zeigt einen Blick über die Innenstadt Richtung Süden. Der Bahnhofskreisel, Heßlingen und der Schillerteich sind besonders gut zu erkennen. Der rechte Teil des Panoramas zeigt neben dem Kaufhaus Hertie den Anfang der Porschestraße. Im nördlichen Teil der Einkaufsmeile warb außer dem Wolfsburger Kaufhaus Schwerdtfeger (WKS) ab 1960 eine weitere Konsumattraktion um Kunden. Im neu eröffneten Kaufhaus Hertie wartete auf drei Etagen ein aktuelles Sortiment auf die Käufer. Und Oberbürgermeister Dr. Nissen sagte voraus, dass sich das neue Warenhaus zu einer „Zugmaschine für die Wolfsburger Wirtschaft" entwickeln werde, die Menschen aus dem Hinterland heranführe. Aufsehen erregte das Haus aber besonders mit seinem technischen Highlight: Zwei Fahrstühle beförderten Autos auf das Dach des im Stahlbetonskelettbau errichteten Gebäudes, wo sich ein Parkplatz für 85 Fahrzeuge befand.

Kinderwagenparade auf der Porschestraße. Schon 1967 wurden Überlegungen der Stadtplaner bekannt, die Wolfsburger Einkaufsstraße zu einer Fußgängerzone umzubauen und 50.000 qm neue Geschäftsfläche einzurichten. So wollten sie den Einkäufen der Wolfsburger im benachbarten Braunschweig entgegenwirken. Bevor man mit der Planung und dem Bau beginnen konnte, mussten die Verantwortlichen aber zuerst den Verkehr umlenken. Die von heftigen Auseinandersetzungen begleitete Einrichtung des City-Rings fand 1976 ihren Abschluss. Und erst im Juni 1980 wurden dann die Wünsche der Wolfsburger Bürger und der Stadtplaner wahr. Mit Hilfe von 30 Millionen DM seitens der Stadt und 100 Millionen DM privater Gelder sind 10 000 qm neue Geschäftsfläche und 100 neue Arbeitsplätze im Wolfsburger Stadtzentrum entstanden.

Textil- und Lederwaren, Spiel-, Eisen- und Schmuckwaren sowie Lebensmittel – in 25 Abteilungen auf zwei Etagen wartete im Wolfsburger Kaufhaus Schwerdtfeger (WKS) auf die Käufer eine reiche Auswahl. Und Geschäftsführer Wilhelm Schwerdtfeger betonte bei der offiziellen Eröffnung noch einmal die Maxime des Unternehmens: „Wir wollen als Kaufhaus, das die Qualitätsbegriffe pflegt, mit einem zusammengefassten Sortiment ein Preisspiegel für die Bevölkerung werden."

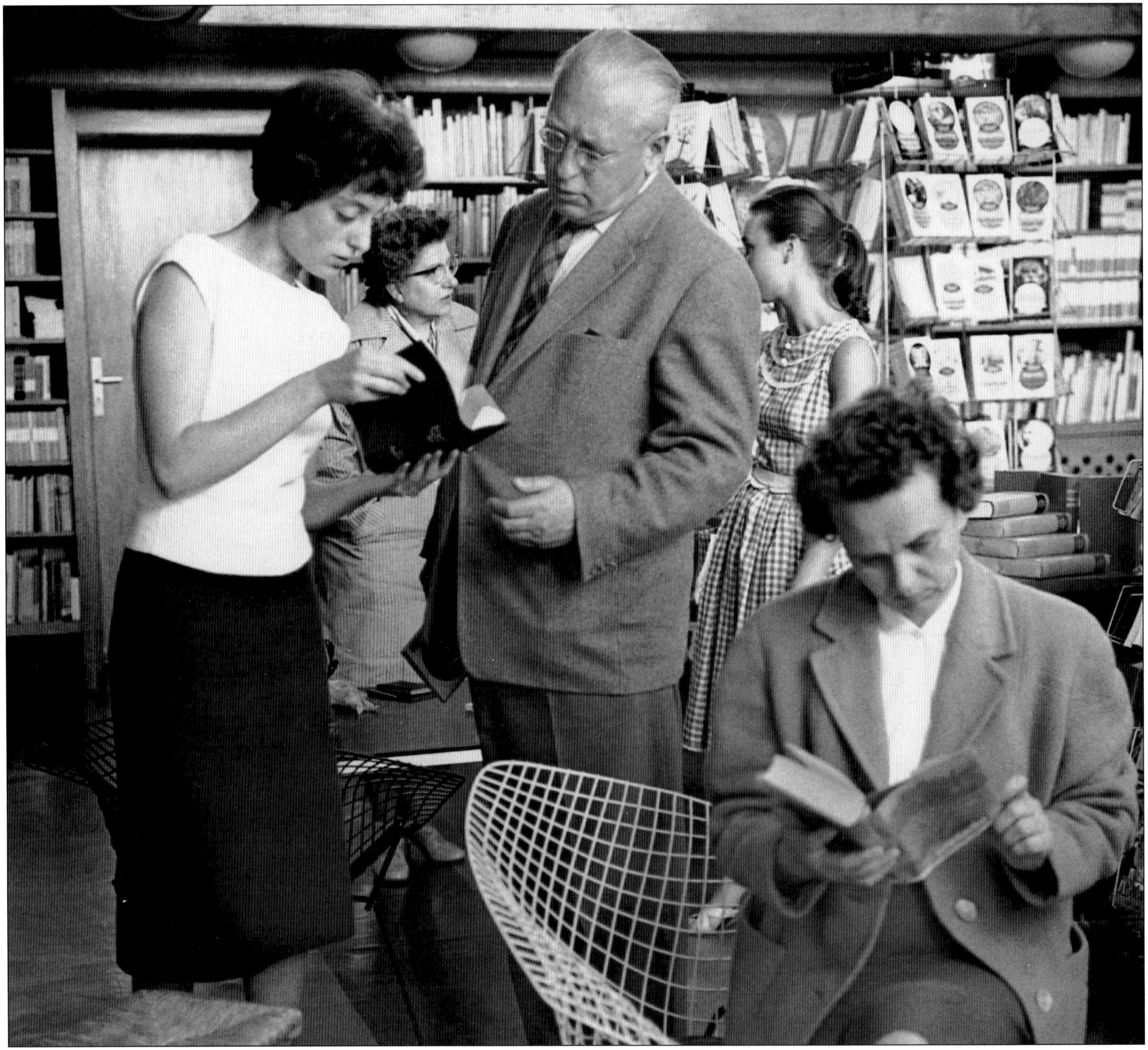

Foto links: Literaturinteressierte Wolfsburger stöbern im aktuellen Buchangebot. Die Brüder Großkopf mit ihrer Buchhandlung gehörten zu den ersten Anliegern der Wolfsburger Einkaufsstraße. Auf dem Foto kann man die moderne Einrichtung der Verkaufsräume im neusten Stil der Zeit erkennen.

Foto oben: Einige 100 Meter nördlich der Buchhandlung Großkopf war auch das Café Cadera mit seiner Bäckerei und Konditorei schon früh auf der Porschestraße präsent. Buttercremetorten oder Sahnestückchen boten nach den mageren Kriegs- und Nachkriegsjahren einen süßen Genuss, von dem sich fast jeder gerne verführen ließ.

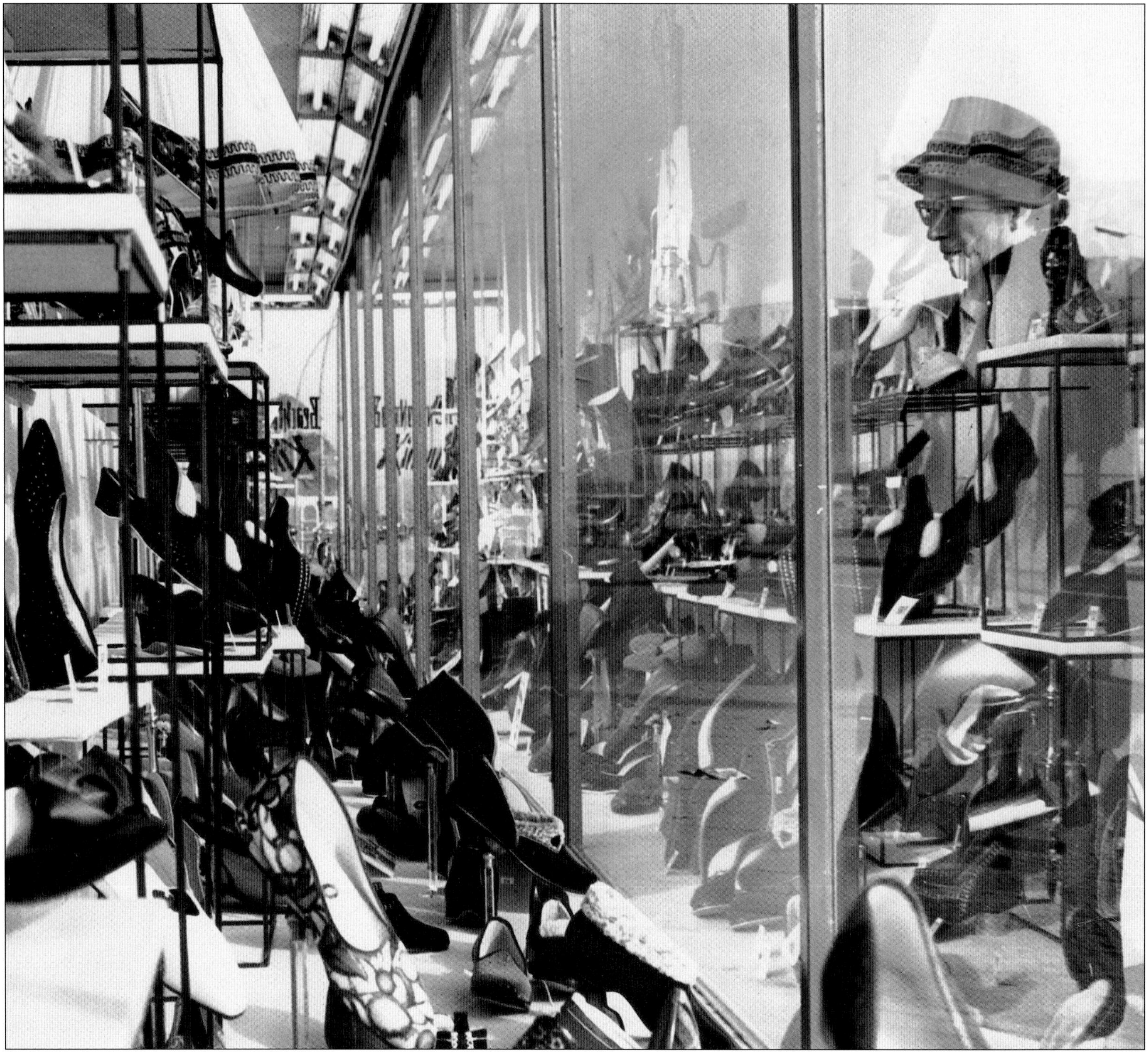

Foto links: Die Auslagen eines Schuhgeschäftes zeigen die neueste Mode. Aufsehenerregendes tat sich in den 60er-Jahren vor allem in der Kleidermode. In London hatte Mary Quandt gerade den Minirock populär gemacht. Mit dieser Revolution in der Mode kündigte sich noch Größeres an. Die Beatles machten es vor: Lange Haare und laute Rockmusik läuteten das Ende der braven, sittsamen, biederen Jugend der 50er-Jahre ein.

Foto rechts: In weihnachtlicher Festbeleuchtung wirkte Wolfsburgs nördliches Zentrum mit Europahochhaus und dem Kaufhaus Kepa schon wie eine richtige Großstadt. In einem Gutachten über die städtebauliche Ausformung der Porschestraße hatten die Fachleute 1955 schon die Zukunftsvision einer modernen Großstadt entwickelt, wie sie Jahre später in Wolfsburg Wirklichkeit werden sollte: „Wenn sie nun oben auf der Brücke über die Bundesbahn stehen, dann sehen sie dort hinten den Kreisplatz und sehen die hier hoffentlich recht bald und schön entstehende geschäftliche Bebauung mit ihrem Lichterleben, ihrer Reklame und all dem, was nun einmal zu einer neuen Geschäftsstadt gehört, und wissen: Aha, das ist die Stadtmitte."

Das 1958 neu erbaute Bahnhofsgebäude in Wolfsburg bildete für viele Reisende im Interzonenverkehr den ersten Haltepunkt im „Goldenen Westen". Unterwegs waren hauptsächlich Westdeutsche und DDR-Bürger, die eine Erlaubnis zum Familienbesuch erhalten hatten. Im Jahr 1960 pendelten in der Weihnachtszeit täglich über 3000 Menschen, die den Eisernen Vorhang in die eine oder andere Richtung auf der Wolfsburger Route überqueren durften.

Busse und Bähnle fahren für Wolfsburg. Der Bahnhof am Ende der Porschestraße ist die Drehscheibe der Stadt Wolfsburg, die Verbindung zwischen dem Volkswagenwerk und den umliegenden Dörfern oder Städtchen, in denen viele Wolfsburger zu Hause sind. Am linken Bildrand ist eine besondere Attraktion der Volkswagenstadt zu erkennen: Das „Bähnle". Seit 1958 zog ein Käfer-Cabrio die zwei offenen Wagen durch Wolfsburgs Innenstadt und die verschiedenen Ortsteile. Fahrer und Fahrgäste dieser Mini-Eisenbahn fanden bei der 45-minütigen Rundfahrt Schutz unter einem farbenfrohen Sonnendach.

Ein klassisches Konzert im romantischen Innenhof des Wolfsburger Schlosses. Die altehrwürdige Wolfsburg, deren Anfänge bis in das Jahr 1302 zurückzuverfolgen sind, war kurz nach Kriegsende zum Namensgeber für die 1938 gegründete „Stadt des KdF-Wagens" geworden. Es folgten mehrere Besitzerwechsel, und seit 1961 ist das Schloss wieder Eigentum der Stadt Wolfsburg. Nach dem Kauf musste das in großen Teilen baufällige Gebäude einer grundlegenden Sanierung unterzogen werden. Die Handwerker restaurierten die Holzfundamente des Ostflügels. Fachleute nahmen Decken und Fassaden, die Dächer und viele weitere Restaurierungsarbeiten in Angriff, um den Besuchern ein gefahrloses Betreten des Schlosses zu ermöglichen. Erst ab 1967 konnten die Räume dann endgültig für Repräsentationszwecke genutzt werden. Das Schloss bildete anschließend nicht nur die gute Stube der Stadt, sondern es entwickelte sich in den nächsten Jahren zu einer Kulturinsel für die Industriestadt Wolfsburg.

Das Konzert der jungen Musiker in der Gerichtslaube ist ein Beispiel für das Kulturangebot im Schloss. Bald hielt auch die moderne Kunst Einzug in die alten Gemäuer. Der Kunstverein zeigte erste Ausstellungen in den historischen Räumen. Später folgte die in den 70er-Jahren gegründete Städtische Galerie. In der neu eingerichteten druckgrafischen Werkstatt waren zahlreiche Künstler zu Gast, die heute im internationalen Kunstgeschehen einen großen Namen haben. Seit Anfang der 60er-Jahre belegte eine Reihe von Künstlern Atelierräume in den verschiedenen Flügeln des Schlosses. Oberstadtdirektor Hesse hatte die ersten Mitglieder der Gruppe aus Pyrmont nach Wolfsburg geholt. In den historischen Schlossräumen gründete sich dann die Künstlergruppe „Schloßstraße 8". Dazu gehörten zum Beispiel der Fotograf Heinrich Heidersberger, die Töpferin Dorothea Chabert, der Bildhauer Rolf Hartmann, die Malerin Helga Pape, die Maler Gustav Beck, Paul-Kurt Bartzsch u. a.

Die Künstler der „Schloßstraße 8" haben besonders in den 60er- und 70er-Jahren das Bild der Stadt durch zahlreiche Arbeiten geprägt. Eine besonders schöne Arbeit ist heute noch in der Bahnhofspassage vor dem Hertie-Gebäude zu sehen. Der Pfauenbrunnen von Paul-Kurt Bartzsch ist gekennzeichnet durch die Wirkung der in zahlreichen Farben schillernden italienischen Mosaiksteinchen und durch seine elegante organische Form.

1968 hat Willi Luther die gefährliche Begegnung des jungen Wolfsburgers mit dem „bösen Wolf" in der Bürgerhalle des Rathauses auf den Film gebannt. Das noch heute im Rathaus stehende Wappentier der Stadt wurde von Jochen Kramer geschaffen. Der Bildhauer gewann mit diesem Beitrag 1959 im gerade ausgelobten Wettbewerb „Junge Stadt sieht junge Kunst" den Preis für die Sparte Plastik. Der alle zwei Jahre stattfindende Wettbewerb fand großen Anklag und besteht heute in veränderter Form fort.

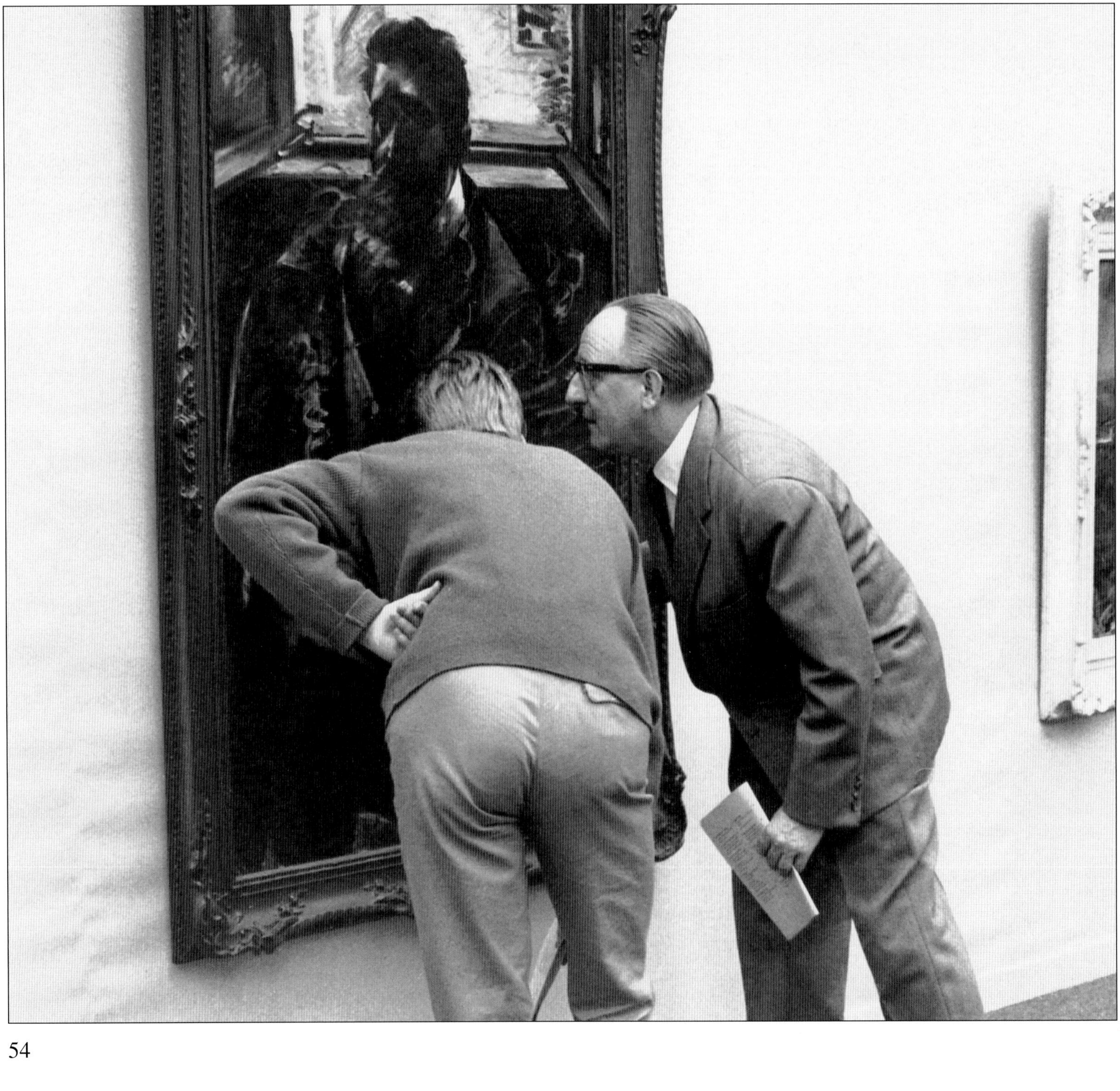

Foto links: Wissbegierige Besucher 1961 in der Ausstellung „Französische Malerei". Es ist die vorletzte der Schauen mit moderner Kunst, die der VW-Chef Heinrich Nordhoff in den 50er- und 60er-Jahren mit großem Erfolg ins Leben gerufen hat. So legte das Volkswagenwerk den Grundstein für das in den ersten Jahren zwangsläufig noch recht spärliche Kulturangebot der Stadt. Neben den großen Kunstausstellungen, die unter einfachsten Bedingungen gezeigt wurden, aber wegen ihrer Qualität internationale Beachtung fanden, hatte Nordhoff auch das Musikangebot unter seine Obhut genommen. Er holte große Orchester mit berühmten Dirigenten nach Wolfsburg. Celibidache, von Karajan und Furtwängler spielten mit ihren erstklassigen Musikern in den Werkshallen. Nach dem Tod Nordhoffs zog sich das Werk von diesen Aktivitäten zurück. Nun machte die Stadt verstärkt eigene Anstrengungen, um das Kulturangebot in Wolfsburg attraktiver zu gestalten. Nicht nur die schon erwähnten Aktivitäten im Bereich „Moderne Kunst" zeigten Wirkung.

Foto oben: Die 1958 eingeweihte Stadthalle konnte noch vor der offiziellen Eröffnung mit einem Highlight aufwarten, denn die Ausstellung zum 100sten Todestag des berühmten Malers Lovis Corinth fand nicht in großen Kunstzentren wie Berlin oder München, sondern in Wolfsburg statt. Aber nicht nur moderne Kunst wurde den Wolfsburgern in ihrer neuen Stadthalle geboten. 1963, zur Neugestaltung des Spiegelsaals, gastierte die Wiener Eisrevue in der Stadthalle. Der 1947 als Kulturverein gegründete Theaterring zeigte regelmäßig eigene Theaterstücke. Auch für Sportveranstaltungen war die neue Stadthalle geeignet.

Foto oben: Drei Generationen vergnügen sich beim Pfingstfest des Berliner Clubs mit Bier und Brause. Auch wenn das Geld knapp war, weil die Raten für das Häuschen oder die neue Schrankwand bezahlt werden mussten, bei großen Festen nutzte man die Gelegenheit, sich schick zu machen und sich zu amüsieren.

Foto rechts: Skatrunde oder Doppelkopf? Das Foto der geselligen Runde entstand in der Kolonie Waldfrieden. Die zahlreichen Kleingartenanlagen in der Stadt boten den Wolfsburgern nicht nur Gelegenheit zu Geselligkeit und Erholung. Lange Zeit bildeten sie auch ein ganz wichtiges Standbein, um die Familien mit Obst, Gemüse oder Kartoffeln zu versorgen. Für viele Neu-Wolfsburger wurde die Laube zum zweiten Zuhause.

Kleines Foto rechts: Die jährlichen Pfingstfeste des Berliner Clubs entwickelten sich zu einem der Höhepunkte des Wolfsburger Freizeitangebotes. Ende der Fünfzigerjahre beklagten sich viele Wolfsburger noch über das Fehlen kultureller Einrichtungen und Möglichkeiten zu sinnvoller Freizeitgestaltung. Erste Ansätze zur Verbesserung seitens der Stadtverwaltung boten die neu eröffnete Stadthalle und der aus einer Privatinitiative entstandene Kulturring. In den 60er-Jahren rückte die Kultur dann mehr in den Vordergrund. Das Kulturzentrum am Rathaus setzte neue Maßstäbe. Die Musikschule öffnete ihre Tore, ein Theater war in der Planung, das Schloss Wolfsburg wurde wieder zurückgekauft. Aber die Stadt förderte auch das Vereinsleben in zunehmendem Maße. Damit wollte sie den vielen neuen Wolfsburgern eine Integration in die Stadt erleichtern. Die Angebote wurden dankbar angenommen. Sportvereine, Kleingartenvereine, Gesangvereine oder Landsmannschaften waren bald nicht mehr wegzudenken aus der Stadt und belebten mit ihren Festen und Aktivitäten das Wolfsburger Sozialleben.

57

An der Auffahrt zur Berliner Brücke, eingebettet in den Stadtteil Hellwinkel, liegt das große VfL-Stadion. Schon 1945 fanden die ersten Fußballturniere auf dem VW-Gelände statt. Und 1955 hatte der im September gegründete VfL mehr als 2.000 Mitglieder. Auch heute ist er immer noch der bedeutendste Sportverein der Stadt. Aber die Wolfsburger begeisterten sich nicht nur für Fußball. Die Sportvereine boten Aktivitäten vom Tennismatch bis zum Reitturnier, vom Tanzsport bis zum Radrennen. Einer der vielen sportlichen Höhepunkte in dieser Zeit war sicher der Gewinn der Feldhandballmeisterschaft 1963 durch den VfL. Und 1970 wurde dann der Allersee eingeweiht, ein richtiges Sport- und Freizeitparadies für die Bevölkerung. Der südwestlich von Vorsfelde gelegene See entwickelte sich zum neuen Mekka für Segler, Schwimmer und andere Wassersportler.

Bei der Festveranstaltung zur Einweihung des Kulturzentrums am 31. August 1962 saßen Professor Alvar Aalto und Generaldirektor Heinrich Nordhoff in der ersten Reihe. Konkrete Überlegungen der Stadtverwaltung, dem Wolfsburger Kultur- und Freizeitangebot durch den Bau eines eigenen Hauses zu mehr Attraktivität zu verhelfen, lassen sich bis in das Jahr 1957 zurückverfolgen. Dieses Kulturzentrum sollte nicht nur die Volkshochschule und die Stadtbibliothek beherbergen, sondern auch eine offene Tür für die Jugend bieten. 1958 wurde dann ein Wettbewerb ausgeschrieben, bei dem sich der finnische Star-Architekt Alvar Aalto gegen den Berliner Professor Paul Baumgarten durchsetzte.

Im Zentrum der Stadt, südlich an das Rathaus anschließend, entstand Aaltos neuer Bau für die Kultur. Er machte aus dem Marktplatz mit den angrenzenden Gebäuden endlich ein geschlossenes Ensemble. Das Kulturzentrum schaute mit seinen fünf in der Höhe gestaffelten Hörsälen zum Marktplatz. Die Front des Hauses zur Porschestraße hin – damals noch eine vom Autoverkehr durchtoste vierspurige Hauptschlagader der Stadt Wolfsburg – war nur zweigeschossig ausgelegt. Mit dieser äußeren Form des Gebäudes hatte Aalto auf die Umgebung reagiert. Der Durchblick auf den Klieversberg blieb erhalten und die Form der hügeligen Silhouette wurde durch das Kulturzentrum wieder aufgenommen.

Endlose Meter Lesefutter bietet die seit 1962 im neuen Kulturzentrum beheimatete Stadtbibliothek. Charakteristisch für die Bibliotheksräume sind die zahlreichen Dachöffnungen zur Lichtgestaltung, aber auch die eigens für den Raum entworfenen Möbel, Lampen und andere liebevoll gestaltete Details. Damit hatte Aalto angestrebt, einen Raum zu schaffen, der nicht nur optisch perfekt ist, sondern der die Benutzung und den Aufenthalt in den Räumen so angenehm wie möglich macht.

Die Volkshochschule fand in den neuen Räumen des Kulturzentrums ein festes Haus, in dem vielfältige Möglichkeiten zur Fortbildung geboten werden konnten. Die Palette reichte von Sprachkursen bis zu Angeboten der Wolfsburger Künstler, bei denen das praktische kreative Schaffen im Vordergrund stand. Damit fand sie großen Zuspruch bei den Bürgern. „Die Wolfsburger waren kultur- und sporthungrig in jenen Jahren und sind es heute (1988) noch", wusste auch der damalige Oberbürgermeister Hugo Bork.

Foto oben: Teenager beim Tischtennismatch im Keller des Kulturzentrums. In Wolfsburg waren Jugendfreizeiteinrichtungen Anfang der 60er-Jahre noch nicht in ausreichendem Maße vorhanden. Dem Kulturzentrum fiel hier eine wichtige Aufgabe zu. Bald kamen immer mehr Jugendliche, die das Haus mit seinen Kellerräumen, der Milchbar im Erdgeschoss oder die Dachterasse ausgiebig nutzten. 1963 berichtete die Wolfsburger Allgemeine Zeitung, das Kulturzentrum entwickele sich „zu einem zentralen Treffpunkt der Wolfsburger Jugend" und „zu der ersten der Jugend gemäßen Begegnungsstätte in der 25-jährigen Geschichte der Stadt".

Foto rechts: Musikalisches Intermezzo auf der Dachterasse des Kulturzentrums. Von der unruhigen Generation der 68er mit ihren Protesten gegen „den Muff von 1000 Jahren" war in dieser Zeit in Wolfsburg allerdings noch nicht viel zu spüren. Auch die ersten Rock-'n'-Roll-Bands wirkten noch wenig revolutionär und erinnerten nur ein wenig an die Beatles. In einem Zeitungsartikel der Wolfsburger Allgemeinen Zeitung heißt es: „Die allerorts bekannten ‚Halbstarken' in Lederjacken und Bluejeans trifft man auf Wolfsburgs Straßen nicht oder nur vereinzelt an. In der Jugend der Volkswagenstadt ist die Toleranz und Offenheit auch noch lebendig, nachdem die Brücke zum Leben im überbetonten Materialismus im Nachkriegsdeutschland geschlagen ist."

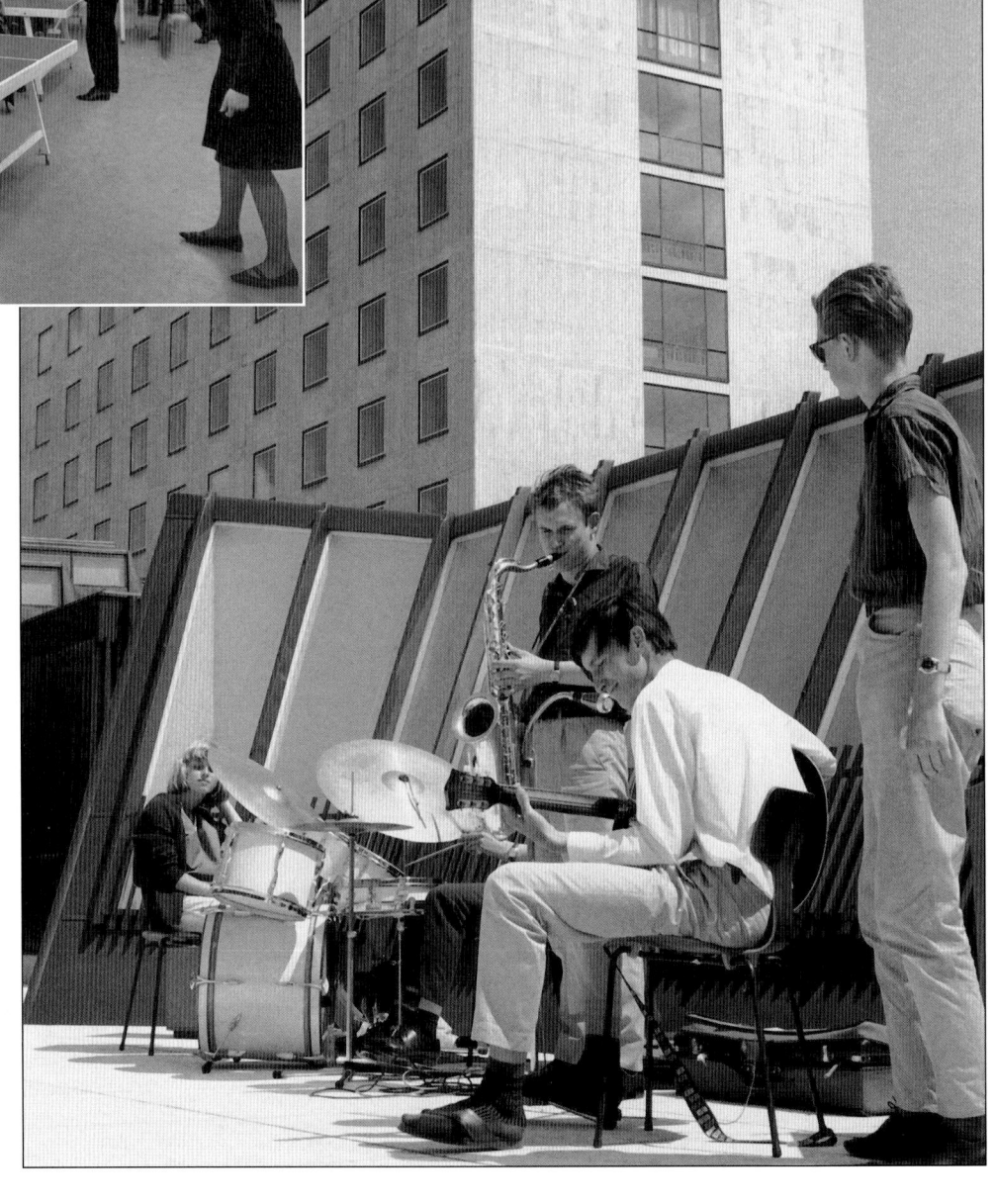

Neben dem bekanntesten Wolfsburger Gebäude von Aalto, dem Kulturzentrum, hat der finnische Architekt noch an anderen Stellen in der Stadt seine Spuren hinterlassen. Die Gemeindezentren „Heilig Geist" (Foto) am Klieversberg, zwischen 1962 und 1965 fertig gestellt, und „St. Stephanus" in Detmerode – im Dezember 1969 wurde die Kirche geweiht – sind zwei weitere Beispiele für die menschliche Architektur Aaltos. Sein Entwurf für ein Theater am Hang des Klieversbergs wurde nicht realisiert. Aalto erreichte in dem 1965 ausgeschriebenen Wettbewerb nur den zweiten Platz hinter Hans Scharoun.

64

Foto links: Schon 1956 weitete sich die Bebauung der Stadt über den Mittellandkanal nach Norden aus. Die neue Trasse der B 188 führte die vierspurige Straße südlich am Schloss Wolfsburg vorbei. Östlich des Schlossparks zweigte dann der ebenfalls vierspurige Zubringer in die Tiergartenbreite und Teichbreite ab. Beide Stadtteile entstanden unter der Regie des Baustadtrates Peter Koller. Hier machte man sich verstärkt die industrielle Bauweise mit Betongroßplatten zunutze, aber die Silhouette ist noch nicht ausschließlich von Hochhäusern geprägt, wie z. B. einige Jahre später in Westhagen.

Kleines Foto links: Anfang der 60er-Jahre entstand an der Einfallstraße zum Stadtteil Teichbreite ein Einkaufszentrum ganz moderner Konzeption. Über die vierspurige Straße gut zu erreichen und autogerecht mit großen Parkplätzen ausgestattet, war das neue Einkaufsparadies für den Auto fahrenden Konsumenten eingerichtet. Unsichtbar für die Kunden findet die Anlieferung in dem über eine Rampe zu erreichenden Tiefgeschoss statt. Die Geschäfte sind in einem U-förmigen eingeschossigen Gebäude angeordnet, das ohne Treppen vom Parkplatz aus zu erreichen ist.

Foto rechts: Der neugierige Nachwuchs schart sich im Stadtteil Teichbreite um die neueste Werbung. Auch hier steht wieder, wie in Wolfsburg üblich, die naturnahe Bebauung auf dem Programm. Der Stadtteil Teichbreite ist um den neuen Teich angeordnet und wird von Wald und Feldern eingerahmt. Mehrgeschossige Zeilenhäuser im äußeren Bereich und Hochhäuser im Zentrum des Stadtteils bestimmen das Bild.

65

Ab 1959 begannen die Baukräne für das Gebiet Tiergartenbreite anzurollen. Der Name des Stadtteils bezieht sich auf alte Flurnamen, die noch aus der Zeit der Ritter von Bartensleben, die auf dem nahe gelegenen Schloss Wolfsburg lebten, stammen.

1960 wurden die Rüben noch in mühevoller Handarbeit verzogen. Auf ehemaligen Feldern stehen bald die ersten Hochhäuser, wie z. B. im neuen Stadtteil Detmerode. Wohngebiete und Industrieansiedlungen verdrängten in den 60er-Jahren die Landwirtschaft in immer dramatischerem Ausmaß. Aber auch weniger landwirtschaftliche Arbeitskräfte ernähren immer mehr Menschen und benötigen dazu kleinere Anbauflächen. 1950 konnte ein Landwirt elf Personen versorgen, heute produziert er Nahrungsmittel für 50 Menschen. Gegenwärtig hat Wolfsburg eine Fläche von 20.359 ha. Mehr als die Hälfte davon ist bedeckt mit Äckern, Wiesen, Weiden, Wald und Grünanlagen. Wolfsburg ist eine Stadt im Grünen.

Holzeinschlag im Detmeroder Forst. Obwohl in Wolfsburg ein extremer Mangel an Bauland herrschte, bemühten sich die Stadtplaner, große Waldgebiete zu erhalten. Der neue Stadtteil Detmerode entstand hinter dem Detmeroder Forst am Südrand der Stadt. Mit Siebenmeilenstiefeln hat Wolfsburg die Entwicklung von der Barackensiedlung zur Großstadt durchmessen. Bei diesem enormen Wachstumstempo und dem riesigen Zustrom an Flüchtlingen und Arbeitssuchenden kann es nicht verwundern, dass der Wohnungsbau lange Zeit den Bedarf nicht decken konnte. In der Zeit zwischen 1963 und 1966 betrug der Geburtenüberschuss über 1000 Personen, 1982 waren es nur noch 93! Aber ein Problem stellten nicht nur die fehlenden Wohnungen dar, sondern auch die kleine Grundfläche der Stadt in den 60er-Jahren. So entstand aus dem Mangel an Bauland die Idee, den Wohnraum zu verdichten. Wolfsburg wuchs in die Höhe. „Urbanität durch Dichte", lautete die neue Maxime.

Der neue Stadtteil Detmerode ist eine Konzeption des Berliner Planers und Architekten Paul Baumgarten. Straßenkreuzungen waren in Detmerode nicht vorgesehen. Den neuesten Ideen der Verkehrsplanung folgend, schafften Schleifen und andere Einbindungen ein modernes Kreislaufsystem für den Verkehr. Eine große zweispurige Straße bildet das Gerüst des neuen Ortsteils im Süden von Wolfsburg, der 15 000 Menschen eine neue Heimat bieten sollte. Entsprechend dem vom Ministerium geförderten Leitbild, wollte man in Detmerode eine größtmögliche Rationalisierung und städtebauliche Verdichtung durchsetzen. Somit war eine Förderung als so genanntes „Demonstrativvorhaben" durch das Ministerium gewährleistet. Es entstand die erste großstädtisch anmutende Hochhaussiedlung der Stadt, die entsprechend den damaligen Leitbildern für Stadtbau als „Wohnmaschine zum Atemholen" angesehen wurde.

Die Bebauung in Detmerode wurde noch nicht völlig von Hochhäusern beherrscht, wie im seit 1966 aus dem Boden gestampften Stadtteil Westhagen. Neben den im Volksmund „Don Camillo und Peppone" genannten Punkthochhäusern, die in der Silhouette zum Erkennungszeichen geworden sind, finden sich Gebiete mit Einfamilienhäusern oder ungewöhnliche Einzelobjekte wie das abgebildete Terassenhochhaus.

Foto oben: Durch die Beschränkung der Bauformen auf Punkt-, Scheiben-, Reihen- und Teppichhausbebauung sollte in Detmerode eine Einheitlichkeit des Entwurfs erreicht werden. Die Einfamilienhäuser waren als Reihen- oder Atriumhäuser bei einer Architektenmesse entworfen worden. Und auch hier wurden beim Bau neue Verfahren angewandt. Stadtbaurat Recknagel hatte sich außerdem dafür eingesetzt, dass Detmerode ein Zentrum mit einem Platz erhalten sollte. Diese Ladenzeile wurde als Wolfsburgs erste verkehrsfreie Einkaufszone 1967 eingeweiht.

Foto rechts: Der rasante Bau von Wohn-/Schlafburgen ging weiter, und nicht nur, wie auf dem Foto, in Detmerode. Das Prinzip „Urbanität durch Dichte" fand im Stadtteil Westhagen seine Krönung. Soziale Probleme galten bald als charakteristisch für diese ab Ende der 60er entstehende Trabantenstadt, die die Schwachstellen des neuen Stadtbaukonzepts deutlich zeigt. Die „Urbanitäter" waren mit der in Westhagen inszenierten Dichte nicht erfolgreich. Statt der erwünschten Vielfalt erzeugte Westhagen bei vielen Bewohnern „Unbehagen", ein Spitzname, der dem Stadtteil vom Volksmund bald ironisch als Stempel aufgedrückt wurde.

Schloss Fallersleben, eines der vielen historischen Fachwerkhäuser mit langer Geschichte im Zentrum des gleichnamigen historischen Städtchens. Das Haus war in vergangenen Jahrhunderten u. a. Witwensitz der Herzogin Clara. Heute beherbergt es ein Museum, in dem das Werk des berühmten Streiters für die demokratische Bewegung Hoffmann von Fallersleben gewürdigt wird.

Mit der großen Eingemeindung 1972 änderten sich viele Strukturen grundlegend für Wolfsburg. Die Bewohner der Städtchen Vorsfelde und Fallersleben sowie der 18 Nachbargemeinden werden seit dieser Zeit als Neu-Wolfsburger geführt. Die Einwohnerzahl stieg auf 131 000, und damit hatte Wolfsburg die Grenze zur Großstadt überschritten. Von der Fläche ist Wolfsburg mit 203 km^2 nun ungefähr so groß wie Hannover und bekommt in den Jahren nach der Eingemeindung ganz neue Aufgaben: Sie reichen von der Ausstattung des riesigen Gebietes mit Strom, Wasser und anderen Versorgungseinrichtungen bis zur Förderung eines Gemeinschaftsgefühls, auch bei den neuen Wolfsburgern.

Weitere Bücher aus dem Wartberg Verlag

Ingrid Eichstädt
Wolfsburg – Die goldenen 50er Jahre
72 S., geb., zahlr. S/w-Fotos
(ISBN 3-86134-223-5)

Sigrid Burgauner
Wolfsburg – Bilder einer Stadt
dtsch./engl./ital.
72 S., geb., zahlreiche Farbfotografien
(ISBN 3-86134-578-1)

Wolfgang Landgrebe
Freizeitführer Region Braunschweig
1000 Freizeittipps, Ausflugziele, Sehenswürdigkeiten.
128 S., brosch., zahlr. S/w- und Farbabb.
Format 21 x 15 cm
(ISBN 3-86134-431-9)

Michael Fenske
**Wolfenbüttel – Gestern und heute
Eine Gegenüberstellung.**
60 S., geb., zahlr.Farb- und S/w-Fotos
(ISBN 3-86134-417-3)

Anke Wickboldt
Rundgang durch das alte Braunschweig
Historische Fotografien
64 S., geb., zahlr. S/w-Fotos, Großformat
(ISBN 3-86134-677-X) neu

Dieter Diestelmann
Braunschweig – Ein verlorenes Stadtbild
Historische Fotografien
72 S., geb., zahlr. S/w-Fotos
(ISBN 3-86134-111-5)

Karsten Peter Steffens
**Braunschweig – Bewegte Zeiten –
Die 50er Jahre**
Historische Fotografien
72 S., geb., zahlr. S/w-Fotos
(ISBN 3-86134-368-1)

Dieter Diestelmann
**Zeitreise durch Braunschweig und das
Braunschweiger Land
Ausflüge in die Vergangenheit**
Eine spannende Reise zu ausgewählten Orten der Geschichte.
80 S., geb., zahlr. S/w- und Farbfotos, Großformat
(ISBN 3-86134-328-2)

Dieter Diestelmann
Braunschweig – Farbbildband
dtsch./engl./franz.
72 S., geb., zahlr. Farbfotos
(ISBN 3-86134-605-2)

Dieter Diestelmann
Braunschweig – Auf den ersten Blick
dtsch./engl./franz.
32 S., geb., zahlr. Farbfotos
(ISBN 3-86134-606-0)

Wartberg Verlag GmbH & Co. KG
Im Wiesental 1, 34281 Gudensberg-Gleichen
Tel.: 0 56 03/9 30 50, Fax: 0 56 03/30 83, www.wartberg-verlag.de